마음자리 그림 마당

마그마란 마음자리 그림 마당의 약자로 마음의 응어리를 그림으로 용암같이 녹여내는 심리 치유의 공간이며 세상 만다라 펼침의 공간이다.

| 김영옥과 함께 하는 프로그램/수강정보

- M정신분석 실제 매달 워크샵 년간 진행
- 꿈분석가 배출
- 국민학습지 특강
- 경영지도자과정 : 지사 카페목적
- 마그마힐링&M분석 졸업전시회
- 마그마숲 책쓰기 프로젝트
- 지도자 역량강화 프로그램
- 마그마힐링 & 만다라 워크북 체험
- 전국민 나산다산다 워크숍
- 마그마힐링 지도자자격 과정 : 1급~3급/전국지사
- M분석가 과정 : 1단계~3단계
- M통찰분석가 과정 : 1단계~3단계
- 꿈디자인학교 : 청년/1학기~4학기
- 국민학습지 전국지사 연계 : 서울,경기,충남,대구,울산,포항,영덕 등

| (주)김영옥심리체험박물관

| 전시회 | 워크샵 | 강의 | 개인분석 | 지도자 배출 | 견학 | 연수

고혈압과 저혈압 중앙전망대 소통

고혈압과 저혈압 중앙전망대 소통 1일째

고혈압과 저혈압 중앙전망대 소통

고혈압과 저혈압 중앙전망대 소통 2일째

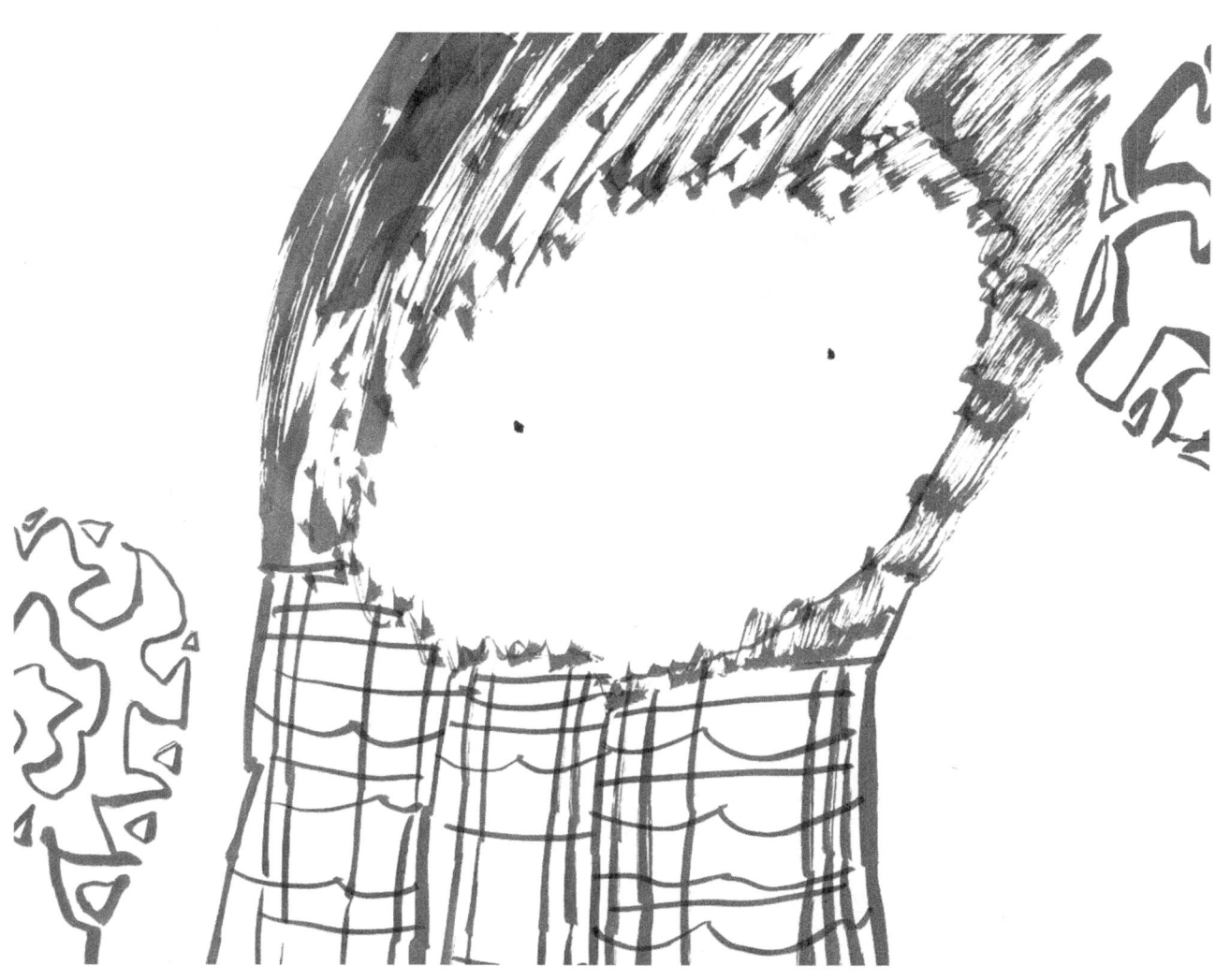

고혈압과 저혈압 중앙전망대 소통

고혈압과 저혈압 중앙전망대 소통 3일째

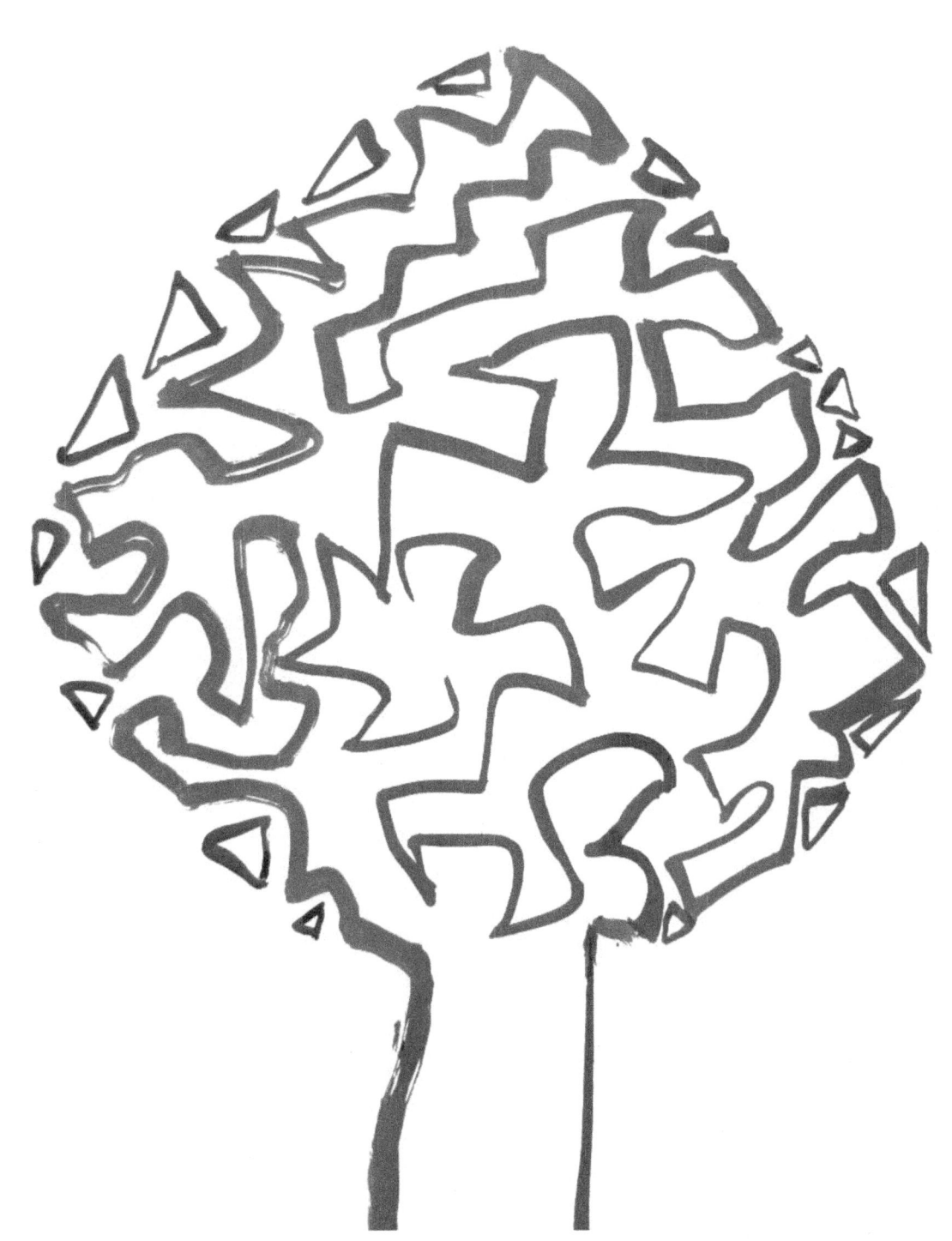

고혈압과 저혈압 중앙전망대 소통

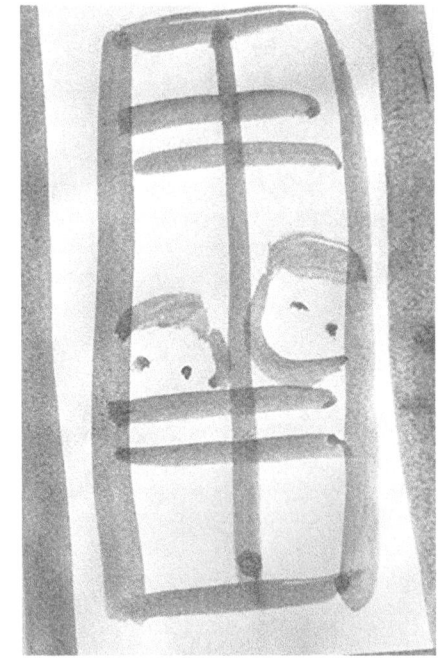

고혈압과 저혈압 중앙전망대 소통 4일째

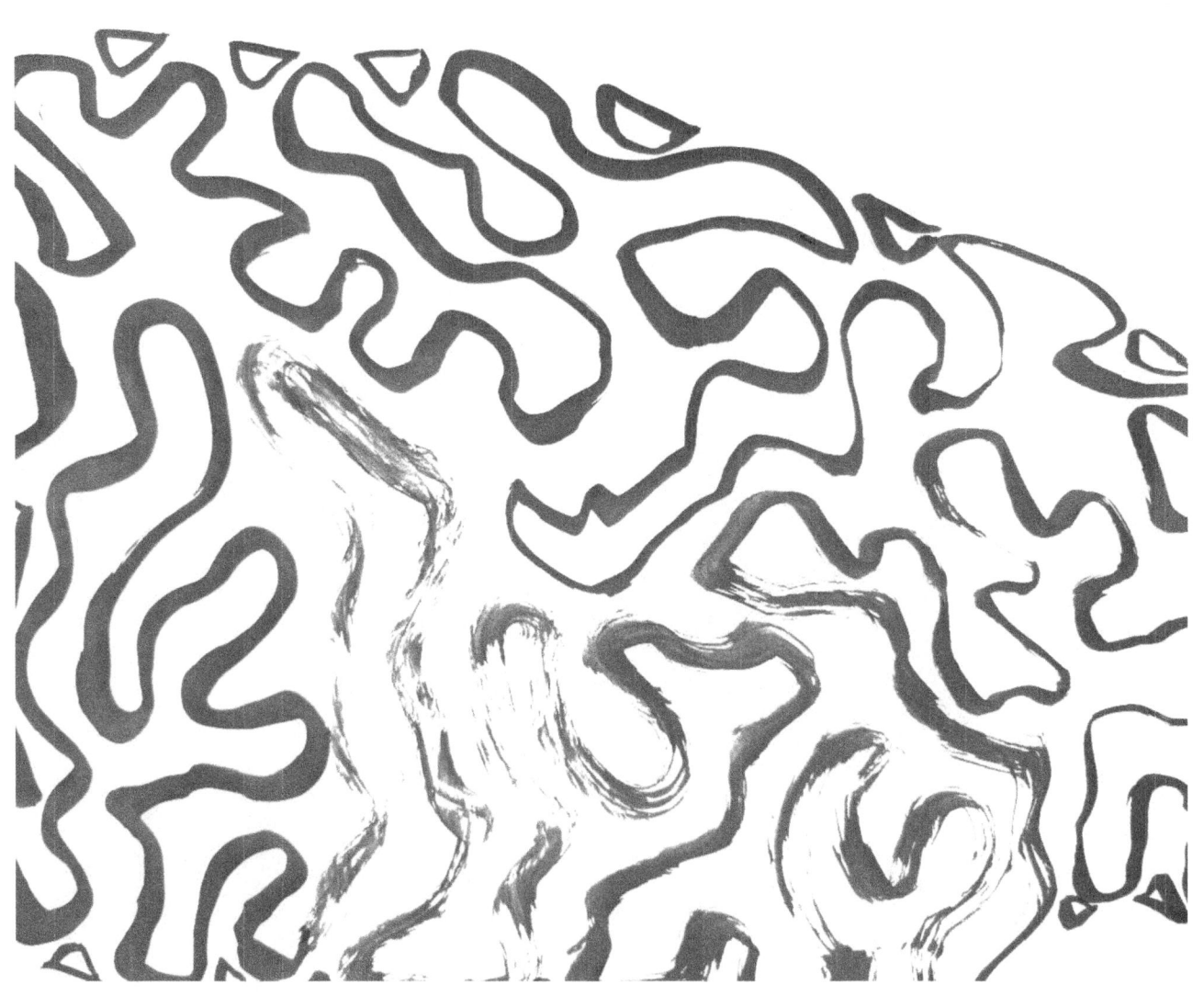

고혈압과 저혈압 중앙전망대 소통

고혈압과 저혈압 중앙전망대 소통 5일째

고혈압과 저혈압 중앙전망대 소통

고혈압과 저혈압 중앙전망대 소통 6일째

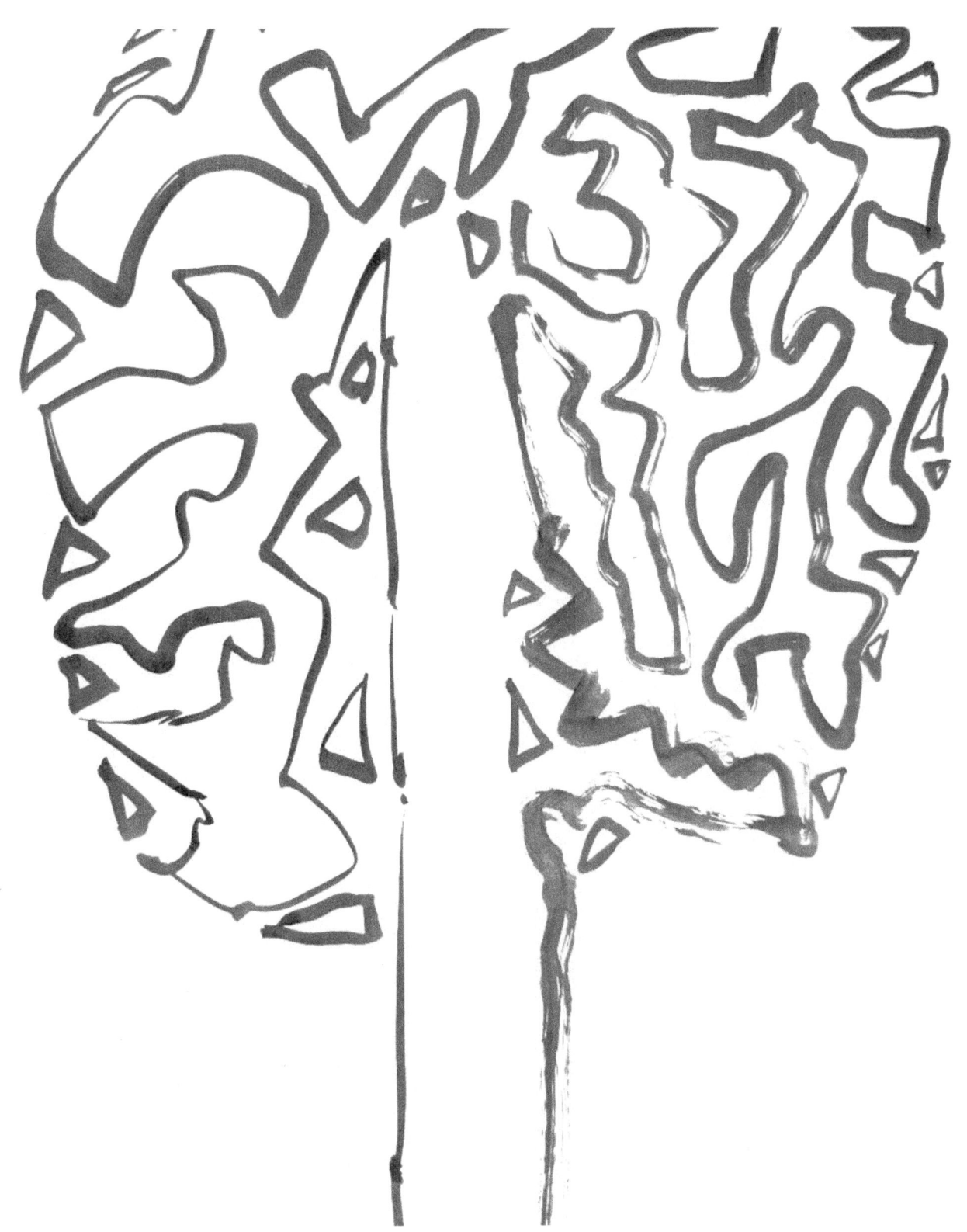

고혈압과 저혈압 중앙전망대 소통

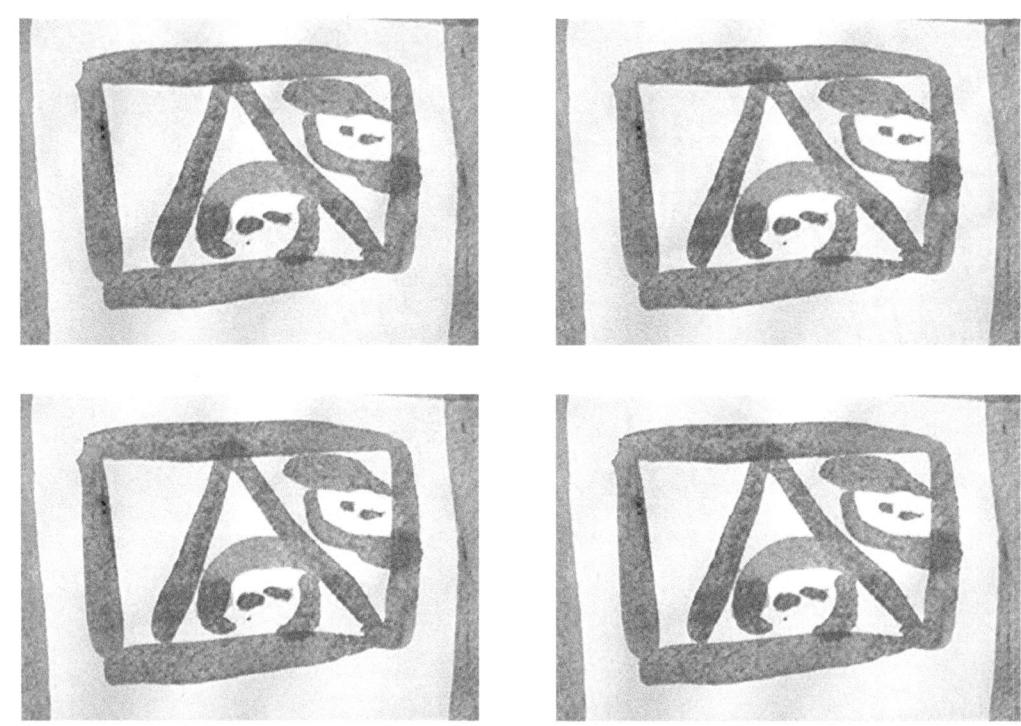

고혈압과 저혈압 중앙전망대 소통 7일째

고혈압과 저혈압 중앙전망대 소통

고혈압과 저혈압 중앙전망대 소통 8일째

고혈압과 저혈압 중앙전망대 소통

고혈압과 저혈압 중앙전망대 소통 9일째

신간 워크북

| 강력하고 신선한 우울극복 자살치료
전 5권
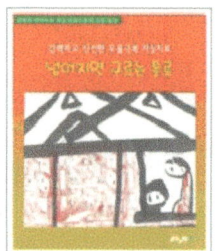

| 강력하고 신선한 우울극복 자살치료 2탄
전 5권

| 그림자를 밝히는 만다라
전 5권

| 불면증 치유 워크북
전 5권

| 불면증 치료체험 워크북 2탄
전 5권

| 상가거리 우울한 치유 이야기
전 5권

| 시장 상인들의 행복한 가게 이야기
전 5권

| 반려견 애도
전 5권

| 흥미진진한 길
전 5권

| 영북면 문화 발굴
전 5권

| 멈춤 없는 길
전 5권

| 가벼운 날
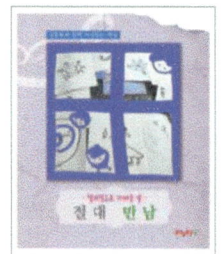

| 꿈을 여는 시간
전 5권

| 조화로운 몽이세상
전 5권

| 영북시립도서관
전 5권

기념품 판매

민소매 · 티셔츠 · 맨투맨 · 몽이망토담요 · 후드집업 · 몽이가방 · 조끼 · 셔츠